MÉMOIRE

A SON EXCELLENCE

LE MINISTRE DES AFFAIRES ÉTRANGÈRES

SUR

L'ATTENTAT COMMIS LE 21 JUILLET 1865

SUR LA

PERSONNE DE M. DOMINIQUE PIETRI

VICE-CONSUL DE FRANCE A CARUPANO, ÉTATS-UNIS DE VENEZUELA.

SCEAUX

TYPOGRAPHIE DE E. DÉPÉE

MÉMOIRE

A SON EXCELLENCE

LE MINISTRE DES AFFAIRES ÉTRANGÈRES

SUR

L'ATTENTAT COMMIS LE 21 JUILLET 1865

SUR LA

PERSONNE DE M. DOMINIQUE PIETRI

VICE-CONSUL DE FRANCE A CARUPANO, ÉTATS-UNIS DE VENEZUELA.

MONSIEUR LE MINISTRE,

Fort de mon droit, et confiant dans sa justice, je m'adresse à Votre Excellence pour obtenir réparation de l'acte sauvage et presque sans précédents dont, le 21 juillet 1865, le vice-consulat de Carupano a été frappé en ma personne.

Cette très-grave affaire, qui a eu un grand retentissement en Europe et dans les Amériques, a profondément ému le gouvernement de l'Empereur, préoccupé, avant tout et toujours, de faire respecter à l'étranger le drapeau de la France.

La presse parisienne et départementale, qui partage les mêmes sentiments, a presque aussi vivement ressenti mon injure que si elle lui eût été personnelle. Mon infortune l'a émue et son indignation, exprimée avec une éloquente véhémence, a appelé sur la tête des coupables, ainsi que de leurs complices, un juste châtiment.

Le gouvernement de l'Empereur n'a pas perdu une minute pour demander au chargé de France à Caracas un rapport circonstancié sur l'attentat qui a failli me coûter la vie, et a placé ma famille, je ne rougis pas de l'avouer, dans un état voisin de l'indigence, au moment où l'avenir se présentait pour nous sous les plus favorables auspices.

Votre Excellence est sans doute à cette heure complètement édifiée sur l'odieux complot ourdi contre moi et qui fait l'objet de ce mémoire; mais je ne crois pas inutile à la manifestation de la vérité d'en retracer de nouveau le résumé succinct.

Cette reproduction aura au moins l'avantage de ramener l'attention de Votre Excellence, préoccupée d'intérêts si graves, sur les faits déjà éloignés, et l'engagera à donner des ordres pour exiger les réparations dues à l'outrage qui m'a si cruellement atteint.

Je suis heureux de pouvoir rendre ici hommage et justice à M. Georges Petit de Meurville d'abord, chargé par intérim de la légation française de Caracas, puis à M. Mellinet, représentant de l'Empereur dans ces lointains climats. Leur attitude et leur conduite dans le conflit précité, a prouvé une fois de plus combien ils savent, à l'occasion, se montrer dignes et fermes pour faire respecter le pavillon national.

Cet acte de gratitude accompli envers deux hommes d'élite, qui font un si noble usage du mandat qui leur est confié, j'entre dans des détails préliminaires, qui m'ont paru indispensables pour présenter à Votre Excellence, sous leur véritable jour, ma position et mes griefs.

I

Je me suis établi à Carupano en 1858. Mes premiers efforts ont été couronnés de succès, et je suis parvenu en peu de temps à établir des relations commerciales d'une sérieuse importance sur tous les marchés de la république des îles Saint-Thomas, ainsi que sur les principales places de France et d'Angleterre. J'en recevais des chargements directs, et j'envoyais, en retour, des denrées de Venezuela.

Ma maison prospérait. L'avenir m'apparaissait sous les plus riantes couleurs, et par suite de la confiance que j'avais été assez heureux pour inspirer dans mes relations commerciales, mon crédit était appuyé sur des bases solides.

C'est alors que le gouvernement de l'Empereur décerna à mes travaux une récompense dont je fus fier à juste titre, en me confiant le 9 février 1861 la charge, purement honorifique, de vice-consul à Carupano. J'acceptai avec la plus profonde gratitude cette honorable position, et résolu d'essayer de m'en rendre digne par un dévouement absolu et sans bornes aux intérêts nationaux de l'empire et à la personne de l'Empereur.

A l'époque de mon entrée en fonction, le malheureux Etat de Venezuela était agité par des troubles civils, qui menaçaient de le jeter incessamment dans une déplorable anarchie.

Je résolus donc de demeurer à la hauteur des événements, trop faciles à prévoir dans les limites de ma mission, et de l'accomplir sans crainte comme sans faiblesse, quel que fût le péril.

Des instructions précises me furent adressées, du reste, par la légation de Caracas, au nom de l'Empereur, dans ces moments de crise.

Ces circulaires, dont il me paraît inutile de reproduire ici le texte littéral, me recommandaient la plus grande prudence au milieu des troubles qui commençaient à agiter le pays, et dont le développement ne paraissait pas douteux.

J'ai conservé avec soin ces documents officiels dont je joins à ce mémoire plusieurs ampliatious, et leur lecture me donne la conscience d'avoir fidèlement accompli mon devoir, en exécutant avec fermeté et sans dévier d'une ligne les ordres précis et nettement formulés de mes supérieurs.

On m'avait recommandé surtout de garder dans la lutte engagée, et les conflits à craindre, une neutralité absolue, pour avoir le droit de sauvegarder dans tous les camps les intérêts de nos nationaux établis à Carupano. Voici un paragraphe fort explicite à cet égard en date du 30 mai 1861 :

« Je ne saurais trop vous recommander de prévenir les Français établis dans votre « résidence du danger qu'il y a pour eux à enfreindre les lois de la neutralité, soit en « donnant asile à des Venezueliens, soit en cherchant à sauvegarder la propriété de ces « derniers par des ventes simulées, ou toute autre manœuvre destinée, en définitive, à « tromper l'administration ou à lui créer des difficultés. »

J'ai donc suivi au pied de la lettre l'esprit de ce document dont j'ai donné conaissance à nos nationaux, ajoutant toutes les exhortations que je croyais utiles pour leur faire bien comprendre à quelles conditions ils pouvaient obtenir l'appui du gouvernement de l'Empereur que je représentais. J'ajoutais, avec insistance, que je n'avais pas qualité pour les relever d'aucune des obligations internationales imposées par le droit des gens. Signalant aussi les abus, quelle que fût la forme sous laquelle ils se manifestaient, j'essayai de les réprimer avec une entière impartialité et en évitant l'emploi de rigueurs inutiles.

Les nationaux et les représentants du pays, ainsi que les habitants honnêtes de Carupano, me rendront cette justice, j'en ai la certitude, que ma fermeté et mon désintéressement ont, dans ces jours néfastes, empêché beaucoup de malheurs et prévenu de funestes désordres.

Le respect dû à la vérité me contraint cependant ici à la constatation d'un fait pénible, mais nécessaire. La majorité des nationaux, écoutant les avis de leur vice-consul, empêchèrent bien des désastres, et leur tranquillité n'aurait pas même été un seul instant troublée, si quelques-uns d'entr'eux, sourds à la voix de la raison, n'avaient pactisé avec les révolutionnaires dont ils ne rougissaient pas d'être les sicaires et les complices au mépris du droit des gens et de la morale publique.

Le moment me paraît opportun pour flétrir d'un blâme sévère les nommés Balan, père et fils, qui n'hésitèrent pas à prendre une part très-active aux discordes civiles, qui dans une période de cinq années ont couvert Venezuela de tant de sang, de ruines et de larmes. Leur conduite est d'autant plus répréhensible, qu'en agissant de la sorte ils n'avaient d'autre but que de s'enrichir par des gains illicites au détriment d'honnêtes Français.

Leur audace et leur cupidité bientôt ne connurent plus de bornes, et je m'empressai, sans prendre le moindre souci des périls auxquels j'allais m'exposer, de dénoncer leurs manœuvres à la légation française.

Les autorités locales ne cessèrent pas d'appeler sur ces hommes la réprobation des gens honnêtes et le châtiment légal. Plusieurs condamnations les frappèrent, et la peine de quatre années de bannissement fut prononcée contre eux. Ils n'obtinrent leur liberté provisoire que par un pourvoi en grâce.

Ma conduite en ces circonstances fut, je puis le dire sans fausse modestie, ce qu'elle avait toujours été, juste, énergique, loyale, — mon insistance sur ces détails qui ne se rattachent pas, je le comprends, à des intérêts généraux, auront, je l'espère, pour résultats d'appeler l'attention de Votre Excellence sur un agent fidèle, prêt à exposer ses jours pour l'honneur du pays, et qui n'a jamais sollicité d'autre récompense que son estime et sa protection pour le redressement de griefs aussi graves que nettement constatés.

Votre Excellence daignera sans doute s'intéresser à mes malheurs, si elle veut bien se souvenir qu'ils ont pour premières, pour principales causes, l'accomplissement de mon devoir.

Les Balan, en effet, rencontrant en moi, au lieu d'un homme timoré et fermant les yeux dans l'intérêt de sa sûreté personnelle, un vice-consul décidé à faire respecter les ordres de son gouvernement et à démasquer leurs criminelles manœuvres, se déclarèrent mes ennemis. Leur haine ne resta pas oisive, et dès ce moment, employant toutes les ressources dont ils pouvaient disposer, ils fomentèrent dans l'ombre de sinistres complots contre moi et ma famille, enveloppée dans leur inimitié. Ils ne reculèrent devant aucun moyen pour assouvir leur vengeance. — La séduction, l'intrigue, l'imposture, furent tour à tour mises en œuvre pour arriver à leur but, qui était, ainsi que les événements ultérieurs ne l'ont que trop prouvé, de m'arracher à la fois la fortune et la vie.

Il est bien douloureux, monsieur le Ministre, d'être contraint de constater des faits d'une pareille gravité. La vérité et la justice l'emportent cependant sur toute espèce de considération, et je ne dois pas, en invoquant l'appui de Votre Excellence, laisser planer l'ombre d'un doute sur les circonstances qui ont précédé et suivi l'attentat du 21 juillet 1865.

Je n'ai rien à vous apprendre sur les Balan. Les antécédents de ces misérables créoles sont couverts d'opprobre, et la fin a dignement couronné une existence commencée dans la boue.

Ici je prendrai la liberté de soumettre à l'attention spéciale de Votre Excellence un fait capital et caractéristique. L'abominable complot ourdi contre moi a eu pour instiga eurs, pour complices avérés, les autorités locales, notamment Russian et Barberi, très-proche parents de l'assassin. Le crime résolu, il fallait un bras pour le perpétrer, et les Balan s'offrirent.

Ici s'élève naturellement une question primordiale : à quel mobile obéissaient les promoteurs du complot tramé contre moi, et dont les Balan allaient être les chevilles ouvrières?

Aux premières pages de ce Mémoire, j'ai constaté que ces individus s'étaient constitués les séides, les agents secrets, tranchons le mot, les espions des révolutionnaires. Ils furent donc pour ces motifs traduits devant une Cour criminelle, et condamnés à la déportation.

Sur ces entrefaites, un de ces revirements politiques, trop fréquents dans ces contrées équatoriales, changea la face des choses, et les vaincus, triomphant à leur tour, s'emparèrent du pouvoir. Un de leurs premiers actes fut nécessairement de récompenser les services équivoques des Balan, en épousant leurs haines, en devenant les complices et les instruments de leurs ignobles vengeances.

Voici donc quel furent le point de départ des conditions, et probablement la teneur de leur pacte infâme :

« Vous avez été emprisonnés, bannis. Vos persécuteurs sont les ennemis naturels de « notre gouvernement. Étant à notre service pendant les jours de lutte, vous devez avoir « votre part des dépouilles opimes des vaincus. Dressez l'état de vos réclamations, fixez-en « le chiffre selon votre bon plaisir, et notre appui vous est assuré par avance.

« Quant à Piétri, il est au moins autant notre antagoniste que le vôtre, et nous nous « joindrons à vous pour le détruire en vous prêtant main-forte. — Ces prolégomènes bien « entendus et bien arrêtés, comme il faut que tout le monde vive, et que selon les usages « du bois, du bagne et de la caverne, les complices partagent, nous aurons notre lopin dans « l'opulente indemnité que vous obtiendrez sans aucun doute de Venezuela, par l'entre- « mise de la légation française. »

Ce pacte scandaleux aurait été perpétré sur-le-champ, comme il le fut plus tard, s'il n'avait rencontré un obstacle dans la présence du vice-consul à Carupano.

Ils savaient pertinemment que ce représentant de la France, au lieu de prêter la main à leurs coupables intrigues ou même de fermer les yeux, emploierait tous les moyens en son pouvoir, risquerait jusqu'à sa vie, pour les faire avorter. Sa mort fut donc résolue. Voici le résumé des circonstances dans lesquelles le crime, dont la Providence n'a pas permis l'entier accomplissement, fut tenté et commis.

Il était dans ma résidence de notoriété publique, que, le 21 juillet 1865, je devais m'embarquer pour l'Europe où m'appelaient d'importantes affaires de commerce. — Par leur position, les autorités locales en avaient été instruites les premières. Elles se formèrent donc en cénacle clandestin pour empêcher mon départ sur le navire, où Balan lui-même avait retenu son passage, et il avait l'incroyable audace de se rendre à Paris pour y soutenir ses réclamations.

Entre onze heures et midi, de ce fatal 21 juillet, je quittai mon habitation en compagnie de mon beau-frère Dodé, sur le point d'être comme moi la victime d'une brutalité sauvage.

En traversant la rue principale où se trouve le Tribunal de première instance, j'avisai et reconnus positivement, sur le seuil de cet édifice, le juge Joseph-Marie-Brito Navarro, le général Ange-Félix Barberi, député au congrès national, beaux-frères des Balan. — Ces derniers, père et fils, faisaient partie du rassemblement, augmenté par un détachement d'environ 200 hommes, commandé par un neveu de Balan, du nom de Ramonfont. Ce détachement se trouvait à trente pas de distance, en observation.

Tout ce monde attendait ma présence. Dès que je fus arrivé à leur niveau, les Balan, fils, se détachèrent du groupe et me barrèrent le passage en joignant l'insulte à la menace.

A ce moment même, Balan Prospère fils sortit de la salle d'audience muni d'un ordre du juge, m'enjoignant de me rendre sur-le-champ à sa barre.

On me donna pour prétexte une espèce de jugement rendu en sa faveur par une manière de magistrat encore sur son siége. Je répondis à cette étrange sommation avec la réserve digne de mon caractère et de ma position officielle. Éventant toutefois le piège qui m'était tendu, et ne voulant pas laisser le moindre prétexte au péril dont je reconnaissais l'imminence, je marchai droit au prétendu magistrat et lui dis d'une voix ferme, sonore, assez élevée pour être entendue de toute l'assistance :

« Je vous demande votre protection en ma qualité de sujet et de vice-consul de l'empire « français, et je vous rends, dès cette heure, personnellement responsable de ce qui « pourrait m'arriver de fâcheux. »

L'étrange magistrat ne sortit point, à mon appel, de son indifférence, et un de ses gestes même encouragea les assassins. Le général Barberi, — ces affreux détails sont encore aussi présents à ma mémoire que s'ils dataient de cinq minutes, — fit un signe significatif à ses beaux-frères pour leur indiquer que l'heure du meurtre avait sonné.

C'est alors, Monsieur le Ministre, que s'engagea cette lutte impie de cent sicaires contre une seule victime.

Vincent Dodé, mon beau-frère, essaie de me faire un rempart de son corps. — Un coup de bâton sur l'os frontal le renverse sanglant. — Les assassins m'enveloppent, me serrent, m'étreignent. — Pendant que je m'épuise en vains efforts pour me débarrasser de Prosper Balan qui m'étouffe, son frère Émile m'assène traîtreusement, par derrière, un coup de bâton, dit estoc, sur la tête, et me la fend jusqu'au crâne.

Cette atteinte devait me tuer roide, et la Providence m'a conservé peut-être pour qu'une action aussi abominable ne reste pas impunie. Baigné dans mon sang, brisé, moulu, presque sans connaissance, j'appelais vainement à mon aide. L'autorité locale, au lieu de me secourir, comme le lui ordonnaient son devoir et l'humanité, demeura dans une complète immobilité. Au lieu d'arrêter les assassins, ne fût-ce que par quelques paroles d'intimidation, on les laissa libres de me frapper lâchement au visage.

J'allais succomber, j'étais perdu sans miséricorde, quand, par un bonheur providentiel, un de nos compatriotes, Barthélemy Tavera, dont le nom aété et sera souvent encore béni par ma famille, se jeta résolûment à travers la mêlée et m'arracha aux mains furieuses de ces forcenés. Bientôt après, un autre Français, M. Filippini m'offrit son généreux concours. Leur dévouement leur coûta cher ; car sous des prétextes frivoles ils furent tous deux incarcérés.

Couvert de sang, cruellement contusionné, presque sans connaissance, je réunis mes forces et j'en trouvai heureusement assez pour me traîner jusqu'à ma résidence. Mon premier soin, dès que je revins à moi, fut de dénoncer l'attentat au préfet de Carupano, afin qu'il dirigeât de promptes poursuites contre mes assassins et s'opposât à leur embarquement.

Chose inouïe ! les éléments les plus rudimentaires de la justice et du respect humain, furent impudemment violés en ma personne. L'autorité locale ne me donna pas à moi, agent-consulaire de la France, à moi, négociant, entouré à bon droit, j'ose le dire, de l'estime publique, la moindre marque de sympathiques regrets. Loin de là, les Balan, mes assassins, jouirent malgré ma plainte, malgré la notoriété du crime commis en plein jour, devant mille témoins, d'une scandaleuse impunité. Il ne fut pas même question de les priver de leur liberté, quand les généreux Français, dont le seul crime était de m'avoir secouru, gémissaient dans les fers.

Ce fut seulement 58 heures après, je les ai comptées, minute par minute, qu'une commission-rogatoire se rendit chez moi pour recevoir ma déclaration. Soixante-quatorze heures après, des médecins, accompagnés du tribunal, — tous ces détails sont d'une parfaite exactitude, — se présentèrent pour constater mes blessures. Comme elles étaient très-graves, je les avais fait panser sur-le-champ par MM. les docteurs Gustave Lorette et Henri Ségur, l'un Français, l'autre Anglais, et fort de leur assentiment, je ne permis pas de lever l'appareil.

Des certificats authentiques de ces deux médecins, dont l'honorabilité ne saurait être mise en doute, constatent que mes blessures étaient excessivement graves et qu'il ne fallait pas moins de vingt jours, avec des soins assidus, pour arriver à leur cicatrisation.

Les autorités de Carupano, irritées sans doute de ne m'avoir assassiné qu'à moitié, eurent l'audacieuse imprudence de se venger, dans la nuit du 20 août, sur le drapeau sacré de la France, qu'ils arrachèrent de sa hampe, et dont ils jetèrent les lambeaux, traînés dans la fange, sur le toit du vice-consulat.

Cet acte de vandalisme, qui ne saurait demeurer impuni, excita, je dois le dire, une indignation presque générale ; mais je n'en compris pas moins qu'il n'y avait plus pour moi, pour les miens, pour les intérêts que je représentais, la moindre sécurité dans un pays où la violence et l'arbitraire étaient les seules lois. Je songeai donc à m'éloigner le plus promptement possible de Carupano pour chercher un asile à Caracas. J'exécutais le projet le 10 septembre suivant, laissant à la tête de mes affaires ma digne et courageuse femme. Au moment de mon départ, un incident inattendu et fort grave mit mon existence en péril pour la seconde fois. Voici dans quelles circonstances :

Je m'embarquai à six heures sur le vapeur anglais *Regus Ferrus* sur le point de quitter le port de Carupano ; mon étonnement égala mon indignation, lorsque j'appris plus tard, à mon arrivée à Caracas, qu'au moment de mon départ, vers huit heures et demie, les autorités de Carupano avaient sommé le capitaine du *Regus Ferrus* de me faire débarquer. — Leur intention était, ainsi que je l'ai su ultérieurement, d'étouffer, en me sacrifiant sur la plage, mes plaintes dans mon sang et de mettre avec ma vie un terme à une affaire dont ils commençaient à redouter les conséquences. Le capitaine refusa net. — Je fus encore une fois sauvé.

La haine de mes persécuteurs n'était point encore assouvie. Je devais m'attendre à la voir se manifester ailleurs et sous une autre forme; c'est ce qui arriva.

Mon premier soin en arrivant à Caracas, fut de m'adresser à la légation française, afin de solliciter son bienveillant concours. Je demandai d'abord la permission d'enlever de Carupano mes marchandises, dont la valeur s'élevait, d'après inventaire, à 42,000 piastres, et 18,000 en créances, pour les transporter à Caracas.

Je dois faire remarquer à Monsieur le Ministre, que les marchandises se trouvaient dans mes magasins qui demeurèrent fermés depuis le jour de l'attentat dont j'ai précédemment relaté les détails. — Le président des États-Unis de Venezuela refusa formellement son autorisation, et les autorités de Carupano, par l'intermédiaire du juge départemental, allèrent beaucoup plus loin :

Elles violèrent le domicile de ma femme, sous prétexte de lui signifier un jugement obtenu contre moi, et qui me condamnait à payer une somme de 4,000 piastres, montant des frais d'un procès inique, qui avait entraîné pour moi la perte d'une propriété valant au moins 100,000 francs. — Les juges, évidemment circonvenus et soudoyés par ceux qui avaient juré ma ruine, donnèrent en outre à ma partie adverse l'autorisation de me réclamer de gros dommages.

Madame Piétri fit observer à mes antagonistes qu'elle ignorait entièrement cette affaire, que j'étais absent, qu'il était juste de lui accorder le temps moral pour m'aviser et recevoir mes instructions.

Au lieu de déférer à cette prière, le juge, au mépris de toutes les lois divines et humaines, chassa ma pauvre femme de sa maison comme une ignoble créature, et ordonna qu'on s'emparât sans exception de toutes les valeurs. Cet ordre barbare fut encore exécuté.

Madame Piétri, quoique réduite au désespoir, conserva sa force d'âme, et protesta énergiquement, en présence des vice-consuls d'Espagne et d'Italie, contre le révoltant outrage qu'elle venait de subir. Cet acte qu'elle accomplit avec une fermeté virile pouvait seul sauvegarder les droits que je devais faire valoir ultérieurement en invoquant la Constitution du pays et les lois qui régissent la matière.

Ce drame absurde à force d'être odieux, n'était point encore arrivé à sa dernière péripétie. La partie adverse, avec laquelle le tribunal a fait cause commune, ne se contente pas de m'avoir entièrement dépouillé. Elle m'actionne encore en 200,000 francs de dommages et intérêts. Tant d'audace de sa part ne s'explique que par la complicité morale des autorités de Carupano, dont elle est assurée par avance.

Telle est, Monsieur le Ministre, la situation des choses.

Les faits que je viens d'énumérer sont, dans leurs moindres détails, d'une rigoureuse exactitude. Je peux, au besoin, les étayer par des pièces dont je possède les originaux, ou des ampliations authentiques, émanées de la légation française et du ministère des affaires étrangères.

Je vais les énumérer dans une rapide analyse, afin d'entourer des lueurs de l'évidence mes droits incontestables à une réparation morale et matérielle.

Je commence donc par l'approbation personnelle de Votre Excellence aux dépêches de MM. Petit de Meurville et Mellinet, qui ont bien voulu, avec une fermeté sympathique dont je suis heureux de leur témoigner de rechef ma respectueuse gratitude, appeler son attention sur le grave conflit dans lequel je suis impliqué. Ils donnent à entendre que cette question privée en apparence, peut devenir d'un intérêt général, puisqu'elle se rattache au pavillon français.

Je continue l'examen des documents et des pièces officiels.

II

Le jour de l'attentat du 21 juillet, les corps vice-consulaires d'Italie et d'Espagne, leurs chefs en tête, MM. Figallo et Cérisola, secondés par M. Dominici, chargé par moi de l'intérim de Carupano, s'empressèrent d'aviser la légation française de Caracas. Leurs dépêches révèlent tous les incidents du crime et mettent en saillie la complicité du juge du tribunal de première instance et du général Barberi, tous deux évidemment la tête du complot, dont les Balan n'ont été que le bras.

Ces faits sont établis par vingt témoins au moins, qui ont été entendus par des commissions rogatoires et dont les dépositions font partie du dossier de l'affaire.

La légation française de Caracas, représentée par intérim par M. Georges Petit de Meurville, sous le coup d'une légitime indignation, s'adressa sur-le-champ au gouvernement général de Venezuela, pour obtenir contre les coupables un châtiment exemplaire.

L'autorité venezuelienne, mise au pied du mur par l'énergique injonction du représentant français, sortit enfin de sa torpeur pour feindre de sévir contre les assassins et leurs complices; elle envoya donc à Carupano un commissaire spécial, le nommé Pimentel et Roth, avec charge d'ouvrir une enquête. Le choix de l'individu investi de cette mission délicate rend évidente l'intention de la faire avorter.

Cet homme, que le soin de ma défense et de mon honneur m'oblige à démasquer, est connu pour n'avoir aucun principe de probité ni de foi politique, et il est tombé aussi bas que possible dans l'opinion de ses concitoyens. Un pareil agent était de toutes les manières à la hauteur d'une semblable tâche.

Il débuta par entrer en relation avec le président de l'État, Antoine Russian, un des principaux fauteurs du complot, objet de l'enquête. — Ce personnage, auquel les constitutions du pays accordent la prérogative de nommer les juges chargés à leur tour de former le jury, eut le triste courage d'assister à la déposition des témoins, dans le but évident de les intimider.

En arrivant à Carupano, cédant à l'évidence des faits et aux rumeurs de l'opinion publique, il suspendit le juge reconnu coupable d'avoir outrepassé ses pouvoirs. Il eut soin en même temps d'en nommer un autre, disposé, comme le premier, à suivre ses conseils, et à être entre ses mains un instrument docile.

La grave affaire du moment était l'arrestation des Balan, qui ne comparurent devant le tribunal que trois mois dix-huit jours après l'attentat. La loi formelle du pays exigeait cependant qu'ils fussent immédiatement déférés à leurs juges.

Le devoir du tribunal était donc de se rendre, sans désemparer, auprès du blessé, de recevoir sa déclaration, et de continuer sur-le-champ les poursuites ; aucune de ces formalités prescrites par la loi n'a été remplie.

Les Balan furent condamnés, les uns à six et l'autre à dix-huit mois de bannissement dans l'état de Maturin, où leur beau-frère, le général Barberi, exerce une autorité pour ainsi dire souveraine.

Cet arrêt dérisoire excita l'indignation des honnêtes gens ; mais il fut dépassé par un scandale plus flagrant encore. Ces hommes, qui venaient d'être l'objet d'une indulgence inouïe, purent continuer à gérer leurs affaires à Carupano, et ne subirent jamais leur condamnation.

Ces faits, et j'en ai omis d'autres d'une moindre importance, ont été prouvés par un nombre considérable de témoins, entourés, eux, de l'estime publique, tel que le général sénateur Joseph Raffetti, le député Eloi Larès, et Pedro Raphaël De Guevara, remplissant les fonctions de ministère public. Ce dernier a positivement déclaré avoir, dans ses conclusions, requis contre les coupables le plus sévère de tous les châtiments.

Toutes ces déclarations ont été faites le 20 avril 1866.

Il m'est acquis d'autre part, et d'une manière positive, par l'ensemble des consultations émanant des plus habiles, des plus intègres jurisconsultes des Etats-Unis de Venezuela, que dans les divers procès à moi intentés, et dont j'ai fourni plus haut l'historique rapide, toutes les lois ont été sciemment violées à mon préjudice, avec l'intention bien arrêtée de consommer ma ruine en me frappant dans mon honneur.

J'appelle respectueusement l'attention spéciale de Votre Excellence sur les pièces annexées à ce Mémoire.

Voir :

1° — Les déclarations n°° 1 et 2 sur la liberté des Balan jusqu'au 20 mars 1866, tandis que leur condamnation au bannissement avait été prononcée le 8 novembre 1865 ;

2° — Les déclarations n° 3 sur les intrigues de l'enquête ;

3° — Les consultations des jurisconsultes, n° 4 ;

4° — Les instructions de la légation française n° 5 ;

5° — Mes rapports à la légation n°, 6.

6° — Les notes qui m'ont été adressées par les autorités locales n°, 7.

7° — Mes réponses à ces autorités n°, 7.

8° — Les circulaires par mes soins adressées aux Français pour les engager à garder la neutralité.

Il est encore un fait révoltant qui se représente maintenant à ma mémoire, et qui pénétra les cœurs honnêtes de la plus vive indignation. Mon défenseur, M. Joseph Sylverio Gonzalez, un des plus savants jurisconsultes du pays, plein d'honneur, de droiture, de conscience, entouré de l'estime publique, remplissait alors les fonctions de payeur de l'Etat. La Commission d'enquête le frappa d'une destitution brutale, et son seul crime était d'avoir accompli, en me prêtant devant les tribunaux l'appui de son talent, un devoir que les nations civilisées considèrent comme le plus sacré de tous.

Quels étaient aussi les méfaits des nationaux Tavera et Barthelemy pour être jetés dans un cachot, comme de vils criminels ? Ils avaient eu le courage de défendre au péril de leur vie, moins un compatriote que le représentant de l'Empereur et de la France.

III

De cet exposé, monsieur le ministre, et des pièces qui le corroborent, il résulte évidemment que j'ai subi toute sorte de souffrances et d'outrages, que ma vie et celle de ma femme, profondément altérée depuis ces événements funestes, fut deux fois exposée, et que la fortune de ma famille, fruit de tant d'années de patience et de labeur, a été renversée de fond en comble par les machinations que je viens de signaler. Ma position, l'avenir de ma femme et de mes quatre enfants est gravement compromis par mon éloignement forcé du centre de mes affaires.

Propriétaire du quart de huit mines de plomb argentifère, en pleine exploitation depuis quinze mois, et situées aux environs de Carupano, j'ai dû, pour sauvegarder ma vie, abandonner cette ville en toute hâte, compromettre nécessairement mes relations locales pour venir à Paris, soumettre à l'équité de Votre Excellence mes légitimes réclamations : — Mensonges, — calomnies, — machinations, — complots, — simonie, — corruption, — atteinte à ma personne, — à ma famille, — à ma propriété, et par dessus tout, insulte au drapeau français, à l'autorité vice-consulaire dont j'étais le représentant, tel est, Monsieur le Ministre, le résumé sincère de mes griefs contre les autorités de Carupano.

Vous trouverez sans doute équitable qu'en présence de tant de malheurs, de persécutions, de frais, de sacrifices, je sollicite une réparation du gouvernement venezuelien, et Votre Excellence, au nom de l'Empereur, au nom du pays, daignera la demander pour moi.

En voici le détail :

1° Pour la maison de commerce 100,000 piastres, soit. . . . . . 400,000 fr.

2° Valeur d'une propriété dont j'ai été dépouillé sans motifs et pour les dépenses de toutes sortes nécessitées par les procès iniques qu'on m'a intentés. 200,000

Je laisse à l'appréciation de Votre Excellence la question des dommages, et je souscris d'avance au chiffre qu'il lui plaira de fixer.

Je ferai respectueusement remarquer ici à Votre Excellence que je dois 150,000 fr. sur différentes places d'Europe et d'Amérique.

Je finis donc, Monsieur le Ministre, en vous demandant la permission de publier trois lettres qui trouvent ici naturellement leur place.

Voici d'abord la lettre que l'honorable M. Petit de Meurville écrivit à M. Dominici, chargé par moi du vice-consulat de Carupano, à la suite de l'attentat du 21 juillet.

Légation, Consulat-général de France au Venezuela.

Caracas, le 12 août 186",

« A M. Dominici, à Carupano,

« Monsieur, je vous remercie d'avoir pris soin de porter à ma connaissance tous les détails de l'attentat si scandaleux qui a été commis, le 21 juillet dernier, contre la personne de M. D. Piétri, agent consulaire de France à Carupano.

« Je me suis empressé de prendre, dans cette grave circonstance, toutes les mesures qui doivent me faire espérer qu'on infligera un châtiment des plus exemplaires aux coupables, en attendant les instructions que j'ai demandées à Paris au sujet des réparations et satisfaction qu'il plaira au gouvernement impérial d'exiger de qui de droit.

« Recevez, monsieur, l'assurance de ma considération très-distinguée.

« PETIT DE MEURVILLE. »

Trois jours après, M. le chargé d'affaires de France écrivait à madame Piétri la lettre suivante :

« Caracas, 15 août 1865.

« Madame,

« L'attentat commis sur la personne de M. Dominique Piétri m'occupe beaucoup, et je n'ai que le temps de vous accuser réception, avant le départ du vapeur d'Orient, de la lettre que vous m'avez fait l'honneur de m'écrire au sujet du crime sauvage dont votre mari a été la victime.

« J'ai regretté bien vivement cette malheureuse affaire, et je vous prie de croire que je ferai tout ce qui est en mon pouvoir pour obtenir un châtiment exemplaire, car je n'aurai jamais la moindre pitié pour des lâches.

« J'ai déjà écrit énergiquement à Paris, au gouvernement venezuelien et à la Martinique.

« Veuillez recevoir, Madame, avec l'expression de mes regrets, les assurances de mon sincère dévouement et des respectueux compliments de votre tout dévoué serviteur.

« PETIT DE MEURVILLE. »

Voici enfin une lettre que M. de Meurville écrivit à MM. Tavera et Filippini, auxquels on n'a pas craint de faire subir un emprisonnement de deux mois, pour avoir défendu en qualité de Français, le représentant de la France à Carupano :

« Caracas, 25 août 1865.

Messieurs,

« J'ai eu l'honneur de recevoir la lettre que vous m'avez adressée de la prison de Carupano, à la date du 9 de ce mois, et je m'empresse de vous répondre que les démarches les plus énergiques ont déjà été faites par moi auprès du cabinet de Caracas, dans le but de vous faire rendre la justice que vous méritez.

« Je me suis d'ailleurs fait un devoir de faire connaître à notre gouvernement, par lettre du dernier courrier d'Europe, votre belle conduite à l'occasion du guet-apens officiel qui a été tendu au vice-consul de France à Carupano, le 21 juillet dernier, tout en témoignant de l'indignation que j'ai dû ressentir, en apprenant que vous avez été jeté dans les prisons de Carupano, parce que vous aviez ëu le courage d'arracher votre représentant à ses assassins, tandis que ces derniers recevaient toutes sortes de garanties de la part des autorités de l'État de la nouvelle Andalousie.

« Recevez, Messieurs, nos plus sincères compliments pour votre noble conduite, et croyez fermement que la protection de la légation de France du gouvernement de l'Empereur ne vous fera pas défaut dans ces graves circonstances.

« *Le Chargé des affaires de France aux États-Unis de Venezuela,*

« PETIT DE MEURVILLE. »

Maintenant, Monsieur le Ministre, que ma tâche est remplie, je me sens plein de confiance et d'espoir. Je considère comme gagnée ma cause placée sous votre haut patronage. Mon beau-frère Dodé, MM. Tavera et Filippini, qui ont partagé mes malheurs pour avoir défendu le drapeau national au péril de leur vie, ont, proportions gardées, les mêmes droits à une indemnité réparatice, et ils comptent, ainsi que moi, sur l'influence internationale que le sage et énergique gouvernement de l'Empereur sait faire respecter aux confins de la terre.

J'ai l'honneur d'être,

Monsieur le Ministre,

Avec le plus profond respect,

de Votre Excellence,

le très-humble et devoué serviteur,

L'ancien vice-consul de France à Carupano,

DOMINIQUE PIETRI.

RUE DES BEAUX-ARTS, 11.

Paris, le 10 octobre 1866,

SCEAUX (SEINE). — TYPOGRAPHIE DE E. DÉPÉE.